Magia rúnica

Magia rúnica

MANUAL DE ACCESO A LA SABIDURÍA NÓRDICA

EDITADO POR
Giulia Manzi

ILUSTRACIONES DE
Lorena Assisi

EDICIONES OBELISCO

SUMARIO

Índice de runas

LAS RUNAS

Las runas eran un sistema de escritura, un alfabeto de signos utilizado por los antiguos pueblos germánicos. El término *runa,* del cual deriva su nombre, significa «secreto» o «misterio». Y su origen ciertamente era misterioso. Se supone que el cruce cultural y lingüístico entre numerosos pueblos nórdico-germánicos a lo largo de los siglos provocó el desarrollo de hasta tres alfabetos rúnicos, nombrados por la secuencia de sus primeras seis letras:

- *Elder Futhark,* el más antiguo, utilizado entre el año 150 d. C. y alrededor del 800 d. C.
- *Futhorc,* la versión anglosajona, utilizada entre el 400 d. C. y el 1100 d. C.
- *Younger Futhark,* el más reciente, utilizado entre el 800 d. C. y el 1910 d. C.

Dado que cada runa individual tiene un significado simbólico, pronto se comenzaron a utilizar como un sistema de adivinación a través de su grabado en huesos, piedras o piezas de madera. Estos objetos eran lanzados, y se leían los significados de los símbolos descubiertos para predecir el futuro.

En este texto, examinaremos el *Elder Futhark* (en adelante: futhark), basado en la fuente nórdica más antigua sobre las runas: la *Edda Poética*, una colección de treinta y cuatro poemas anónimos islandeses con partes en prosa, que contiene los conjuros más famosos que hacen referencia a las runas: la *Völuspá*, en la que la hechicera vidente le cuenta a Odín sobre el nacimiento del cosmos y menciona las runas; el *Hávamál*, en el que se menciona el sacrificio de Odín para recibir las runas; el *Sigrdrífumál*, en el que la valquiria Sigrdrífa habla de las runas a Sigfrido; y el *Vafthrudhismal*, en el que se mencionan las runas de los gigantes.

El futhark completo consta de veinticuatro runas, cada una de las cuales tiene un valor fonético, nominal y simbólico. Se dividen en tres grupos de ocho, los *ættir*, cada uno de los cuales muestra un ciclo que comienza y termina.

La ciclicidad es un elemento importante en las runas, intrínsecamente ligado a la rueda del año, la cual describen. Nacimiento y muerte, sueño y vigilia, principio y fin: los secretos y misterios de la existencia están representados por un sistema de interpretación arraigado en la vida práctica y cotidiana.

La palabra de las runas

La palabra es un don. Actúa como un marcador, otorga significado a la existencia y permite describir el mundo y adquirir conocimiento. Nombrar algo, asignarle una palabra de reconocimiento, es darle poder. El poder de la existencia.

Las runas son palabras; cada runa va más allá del símbolo, que utiliza la estilización para describir su significado más profundo, convirtiéndose así en una voz.

Con este mazo, queremos introducirte en la lectura rúnica en su simplicidad: las runas siempre deben considerarse al derecho, nunca al revés, y deben abordarse con el deseo de reconectarse con un mundo primordial y la esencia más simple de la vida, con esa chispa que une los planos espiritual y material, proporcionando orientación y consejo en la recuperación del poder de las palabras.

Cómo usar este mazo

Dado que hemos decidido proponer las runas como un mazo de cartas, los sistemas de adivinación que sugerimos no implican el uso de runas cubiertas, sino más bien sistemas de lectura introductorios adecuados para aprender los significados individuales de las runas y combinarlas entre sí.

Al hacer una adivinación rúnica, es importante tener en cuenta que, en comparación con otras herramientas de lectura del futuro, las runas tienden a dar consejos, a visualizar el curso del día o del año venidero. El futuro siempre es oscuro, pero con las runas puedes aclarar un poco las nubes y encontrar las soluciones más simples a tus preguntas.

Antes de hacer la primera lectura, debes cargar tu mazo. Las runas están estrechamente relacionadas con las palabras y sus significados, así que toma el mazo y nombra cada runa. Al nombrarla, la runa reconoce su propia existencia y, por ende, su propio significado.

Para prepararte para las lecturas subsiguientes, simplemente debes centrarte, crear un ambiente relajado a tu alrededor o disponer de tu propio espacio para realizar la adivinación. Comparadas con otros tipos de adivinación, las runas son mucho más «salvajes», por lo que no requieren mucha preparación y se pueden leer en cualquier lugar. Lo importante es sentirte cómodo antes de hacer la lectura.

El Ojo de Odín

Éste es el sistema de adivinación más simple. Consiste en barajar el mazo, colocarlo boca abajo (o en forma de abanico), y extraer una runa, que simboliza el curso del día o el consejo para manejar los asuntos del día.

Las Tres Nornas

Este método clásico de adivinación está relacionado con las Nornas, quienes tejen la red del pasado, presente y futuro. El consultante o el adivino formula una pregunta y saca tres runas: la primera está vinculada a Urd y simboliza el pasado o la causa del problema actual; la segunda está vinculada a Verdandi y representa el presente, es decir, la situación actual; y la tercera está asociada a Skuld, la Norna del futuro, y proporciona consejo para resolver el problema de la manera más eficaz.

Algunos sistemas de adivinación relacionados con las tres Nornas sugieren leer las tres primeras runas como si contaran una historia, es decir, la causa, la situación actual y los desarrollos futuros. En estos casos, se deben sacar dos runas más, que se colocan por encima y por debajo de la segunda runa: la cuarta indica la causa que llevó al problema, mientras que la quinta runa representa el consejo para la solución efectiva.

La Rueda de las Estaciones

El sistema de la rueda de las estaciones es uno de los más complejos, pero te permite predecir el curso del año entero por venir. Para leer esto, necesitas una herramienta adicional: algo para marcar el punto de partida de la lectura (puede ser un palo, un lápiz o una ruleta).

Coloca las veinticuatro runas en un círculo, comenzando con Fehu y terminando con Dagaz, para crear una rueda para el año.

Luego, se hace girar el puntero, y la runa hacia la que apunte es el punto de partida de la lectura e indica el camino recorrido hasta ahora. Lee el futhark en el sentido de las agujas del reloj, considerando la división en tres *aettir* (de Fehu a Wunjo, de Hagalaz a Sowilo, de Teiwaz a Dagaz).

Cada *aett* debe leerse como un grupo colectivo; los significados de las diferentes runas deben entrelazarse orgánicamente para que la tendencia anual se enmarque, terminando con la runa que precede a la indicada.

Las cartas

Fehu

SIGNIFICADO Bienestar, suerte, prosperidad, adivinación, concepción, riqueza, conocimiento mágico, fertilidad, creación, destrucción.

ELEMENTOS Fuego y tierra.

GÉNERO Femenino.

CORRESPONDENCIAS

Fehu es la runa del comienzo, del inicio de un proyecto. Contiene el poder del aspecto creativo y generador del elemento fuego, en oposición a su poder destructivo. Desde la generación de la llama, el poder creativo se estabiliza en la solidez de la tierra, donde prospera. Fehu fortalece el poder psíquico, es un canal que atrae el poder protector de las estrellas y permite la acumulación de energías generativas.

SIGNIFICADO ADIVINATORIO

La aparición de Fehu indica prosperidad y poder económico, pero también el potencial individual para dirigir las energías creativas hacia la producción de riqueza, bienestar, salud y el cumplimiento de las propias ambiciones. Fehu no se refiere a una ganancia que surge de la nada, sino que, al igual que el grano que brota y el ganado que debe ser cuidado, es el producto del esfuerzo.

Fehu es la runa asociada con la riqueza, la prosperidad, el oro y las propiedades. Su significado proviene de *fihu*, que significa «ganado», la riqueza móvil de las civilizaciones antiguas. Tiene una relación estrecha con el oro y el ámbar, elementos asociados con la figura femenina, las cosechas, el fuego y el Sol (femenino en la mitología escandinava). Fehu es portadora del poder vivificante de la diosa, comenzando con sus orígenes: el nombre Gullveig, una de las primeras deidades femeninas mencionadas en el *Edda*, significa «rama dorada». La vidente-narradora del *Völuspá*, también es conocida como *Heithi/ Heithr* (la brillante), *Sol* (Sol), *Wala* (bruja) y *Gull* (oro). Algunas teorías especulan que Gullveig podría ser uno de los antiguos nombres de Freyja. Ambas diosas aparecen en leyendas sobre la fertilidad y la regeneración del fuego sagrado y purificador que se enciende para rejuvenecer la vida.

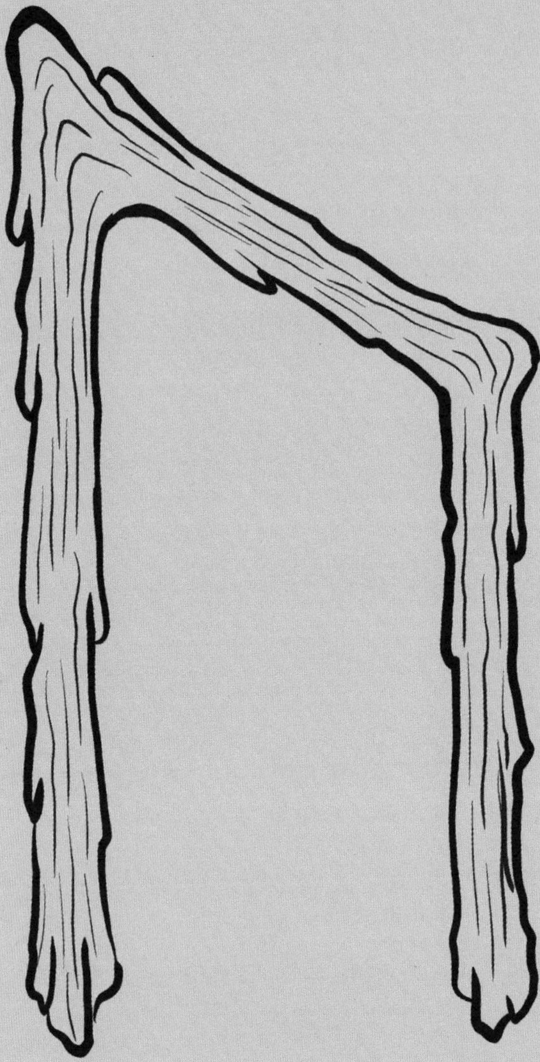

Uruz

SIGNIFICADO Fuerza, determinación, coraje, sanación, energía física, revitalización.

ELEMENTOS Fuego y agua.

GÉNERO Femenino y masculino.

CORRESPONDENCIAS

Uruz sigue inmediatamente a Fehu y continúa su trabajo de regeneración. Si Fehu es la semilla, Uruz es el brote que emerge de la tierra: resistente, adaptable y paciente. Uruz invita a la perseverancia y el coraje. Confiere fuerza, tenacidad y adaptabilidad al cambio. La fuerza vital de Uruz se expresa a través de las dos polaridades, masculina y femenina, y genera un cambio o transformación. Esta fuerza debe ser dosificada de manera armoniosa, ya que es muy poderosa; de lo contrario, puede volverse incontrolable.

SIGNIFICADO ADIVINATORIO

En una adivinación, Uruz completa el significado de Fehu y otorga la fuerza necesaria para evolucionar en momentos complejos, como aquéllos en los que se aproxima la sanación, la mejora, la salud y la buena suerte, y se está produciendo una transformación.

ᚢ

Uruz está relacionado con el uro, pero también significa *ur*, lugar húmedo o «llovizna», y su forma recuerda tanto a los cuernos del bovino primigenio como a la caída de la lluvia, ambos símbolos de la fuerza creativa primordial. La forma de los cuernos simboliza la fuerza, los ciclos lunares y el recorrido del Sol en el cielo. Los bueyes y los cuernos están asociados con la naturaleza cíclica de la existencia, la energía vital en constante movimiento, el vigor físico, la transformación y la renovación. En la *Edda*, se mencionan sacrificios de ganado a Freyja; su sangre se utilizaba para estimular a la diosa y devolver la vida a la tierra, como la lluvia. De estas gotas nació Audhumbla, la vaca primordial y el primer ser vivo después del gigante Ymir. De sus ubres fluyeron cuatro ríos de leche, y de su saliva nació el primer ser divino, Buri, que engendró a Borr, quien dio lugar al linaje de los Aesir con la giganta Bestla, que tuvo tres hijos: Odín, Vili y Ve.

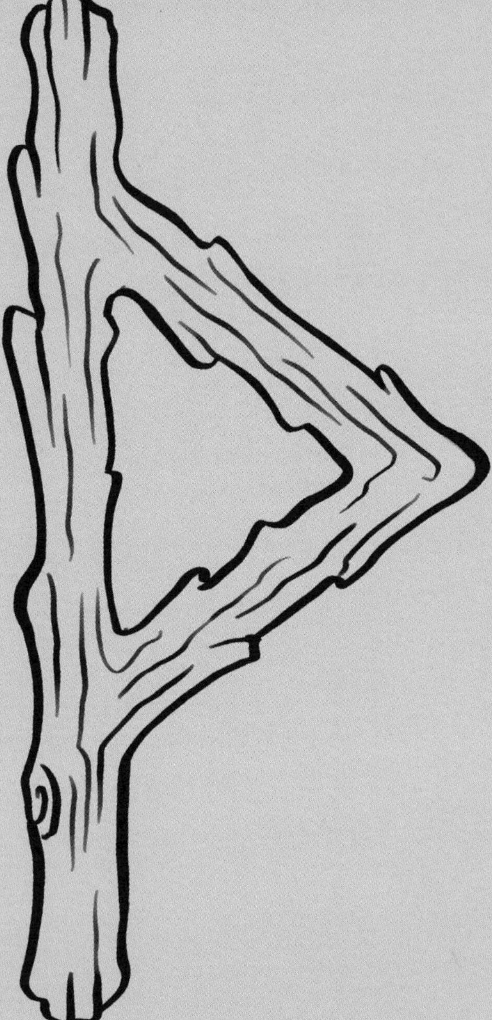

Thurisaz

SIGNIFICADO Acción, regeneración, sexo, protección activa, despertar de la voluntad de acción, destrucción de enemigos.

ELEMENTOS Fuego.

GÉNERO Masculino.

CORRESPONDENCIAS

Thurisaz está relacionado con el potencial inconsciente, el clímax de la unión sexual extática e incontrolada. Mueve energías poderosas que son difíciles de controlar y requieren una gran fuerza de voluntad para evitar que se vuelvan en contra del operador. Es una runa clave de protección, tanto para repeler ataques (generalmente emparejada con Nauthiz) como para proteger contra influencias dañinas. Thurisaz también sirve como recordatorio: como la espina que protege la rosa, cuida la belleza que rodea a aquellos que la convierten en su amuleto.

SIGNIFICADO ADIVINATORIO

Dibujar Thurisaz implica la aparición de una fuerza incontrolada en quien consulta, que puede provenir de dentro o de fuera, como un elemento destructivo (de defensa o ataque). Estimula la capacidad de tomar la iniciativa y anuncia que situaciones confusas llegarán a una clarificación. Sacar esta runa te invita a cortar las ramas secas, pero sin tomar decisiones impulsivas o apresuradas. Es la puerta que se debe atravesar para aprovechar nuevas oportunidades, pero sólo después de evaluar las consecuencias de las acciones para entender qué se debe y se va a dejar atrás.

Mientras que la forma más antigua del nombre en islandés antiguo (Thurs) asigna a Thurisaz el significado de gigante, su forma recuerda a una espina y también al martillo de Thor, el dios del trueno y la lluvia. El doble vínculo con los gigantes (Thor es hijo de Odín y la giganta Jord, y por lo tanto es un puente entre las fuerzas vitales del caos y la vida organizada de los mundos) muestra la confluencia del instinto, la fuerza primordial y la sabiduría del linaje de Ymir en un equilibrio dinámico que permite la existencia de los diversos mundos.

Ansuz

SIGNIFICADO Conocimiento, sabiduría divina, poder del intelecto.

ELEMENTOS Aire.

GÉNERO Femenino y masculino.

CORRESPONDENCIAS

Ansuz es el elemento aire que permite que el sonido sea escuchado a través del viento que transporta la voz y las semillas de la vida. Se utiliza para deshacer ataduras mágicas, así como tensiones, ansiedades y fobias. Ansuz se opone a Thurisaz y destruye sus tentáculos. Expresa la energía arcaica del nombre, del logos que otorga poder a las cosas. Es el aliento de la vida, la fuente de éxtasis artístico y poético. Ayuda a estimular habilidades creativas, vencer el miedo a la muerte con el conocimiento y ver más allá de las apariencias, fortalecer la autoconciencia y ampliar las perspectivas.

SIGNIFICADO ADIVINATORIO

Cuando Ansuz aparece en una adivinación, anuncia un período de renovación. Trae nuevas relaciones, contactos y conexiones, y brinda certeza y voluntad a las decisiones tomadas.

ᚨ

Derivada de *ansu* (energía que anima el cosmos) y *ass* (deidad), Ansuz es la runa de la palabra divina, el conocimiento y el sonido/luz iluminado que describe el cosmos; es la palabra/sonido que confiere inspiración y conocimiento divino. Su naturaleza dual, masculina y femenina, proviene de las diosas Saga y Frigg. Frigg es quien susurra el secreto de las runas al oído del dios Odín; Saga cuenta y conoce la historia del mundo, transmitiéndola en versos que contienen la chispa divina oculta en las palabras, el sonido y el ritmo. Con el cambio de tradiciones matriarcales a patriarcales, la asociación se trasladó de Saga/Frigg a Odín. Él también es el dios de la comunicación y el conocimiento, quien, sacrificándose a sí mismo colgando de un árbol con una lanza clavada en su vientre, entiende el secreto de las runas (las «palabras», pero también los «misterios») y lo trae al mundo.

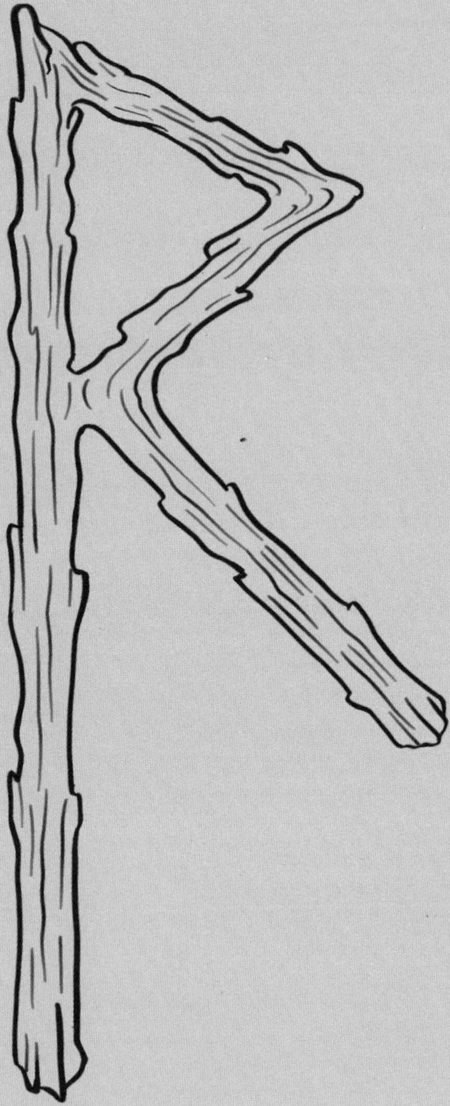

Raido

SIGNIFICADO Carro solar, sonido divino, control del movimiento, vida, laberinto, ritual, viaje.

ELEMENTOS Fuego, agua, aire.

GÉNERO Femenino y masculino.

CORRESPONDENCIAS

Una runa de movimiento, Raido indica el viaje de la vida y el paso de las estaciones.

También simboliza la nobleza, el mando asumido por mérito y responsabilidad, y la capacidad de actuar reconociendo las propias limitaciones. Llevar Raido contigo puede ayudarte a tomar el control de tus decisiones y a asumir situaciones con fuerza de voluntad, para ser dueño de tus acciones. Facilita el flujo ritual y los viajes entre mundos, así como navegar por el laberinto de la vida.

SIGNIFICADO ADIVINATORIO

En adivinación, Raido indica la posibilidad de un viaje –interno o físico–, armonía, autocontrol y conciencia. También puede confirmar las decisiones que hemos tomado, diciéndonos que estamos en el camino correcto y que debemos continuar el viaje para tener éxito.

Raido es la runa del carro y del viaje, dos símbolos que vinculan esta runa con la diosa Sol, la líder del carro solar tirado por los caballos Árvakr y Alsviðr. Durante el Ragnarok, Sol será devorada por el lobo Sköll, su perseguidor eterno, pero antes de que esto ocurra, dará a luz a una hija que conducirá el carro solar hacia el nuevo mundo. También se la asocia a veces con Thor, cuyo retumbar de truenos se llama *rymr* (ruido), y cuyo relámpago es fuego que da nacimiento al agua de lluvia. La diosa Sol también es la diosa que danza la vida; en tiempos antiguos había danzas sagradas con movimientos en espiral (desde el centro hacia afuera) asociadas con el movimiento del Sol que marca el ritmo de las estaciones. En los países escandinavos se han encontrado numerosos laberintos de piedra con el patrón de una espiral. El más famoso es el de la catedral de Chartres.

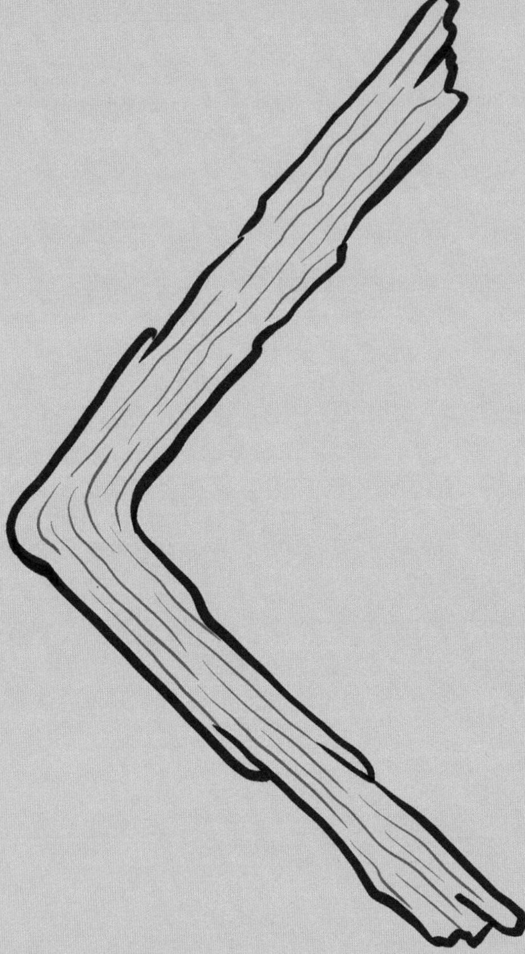

Kenaz

SIGNIFICADO Antorcha, llamarada, fuego sagrado, fuego de la sabiduría y el conocimiento, guía.

ELEMENTOS Fuego.

GÉNERO Femenino.

CORRESPONDENCIAS

Kenaz es la antorcha de la sabiduría, del conocimiento transmitido de generación en generación, la luz del nacimiento y la muerte. Guía al viajero en el camino entre dimensiones, iluminando el camino, facilita la adquisición de conocimiento oculto de otros planos de existencia, y fomenta el regreso al propio mundo. Kenaz es un elemento protector muy poderoso, capaz de traer de vuelta recuerdos de experiencias en un estado alterado de conciencia. A veces, también puede anunciar el fuego de la infección o la enfermedad, que, sin embargo, puede brindar al cuerpo la oportunidad de descansar y regenerarse.

SIGNIFICADO ADIVINATORIO

En una adivinación, Kenaz representa energía bajo control, conocimiento, creatividad y regeneración. Ayuda a expresarse con claridad y a transformar el conocimiento en sabiduría, y la sabiduría en acción. Junto a Raido, indica un camino a seguir que puede conducir al renacimiento después de las tribulaciones.

Kenaz representa la antorcha, aquello que trae luz y el conocimiento transmitido dentro del clan de generación en generación. El significado de la sabiduría heredada no se limita a la familia de sangre, sino que se extiende a personas con similitudes. El rey –*cyning* en inglés antiguo– es el punto máximo de este grupo y es responsable de iluminar el camino y portar la antorcha del alma de la tribu. Kenaz se asocia con la diosa en su papel de Aquella Que Da Vida y Aquella Que Otorga Conocimiento. Entre las figuras femeninas más conocidas cuyo culto involucra la luz de antorchas, o en las que el fuego es un elemento central, está la diosa nórdica Freyja, quien enseña la magia *seidhr* a Odín y le brinda conocimiento.

Kenaz es una de las runas cuyo significado es más evidente: claridad de pensamiento, antorcha del conocimiento, arte, artesanía, la capacidad de buscar, de reconocer, de entregarse, intuición, entusiasmo...; la luz que inicia la vida y la luz que acompaña a la muerte.

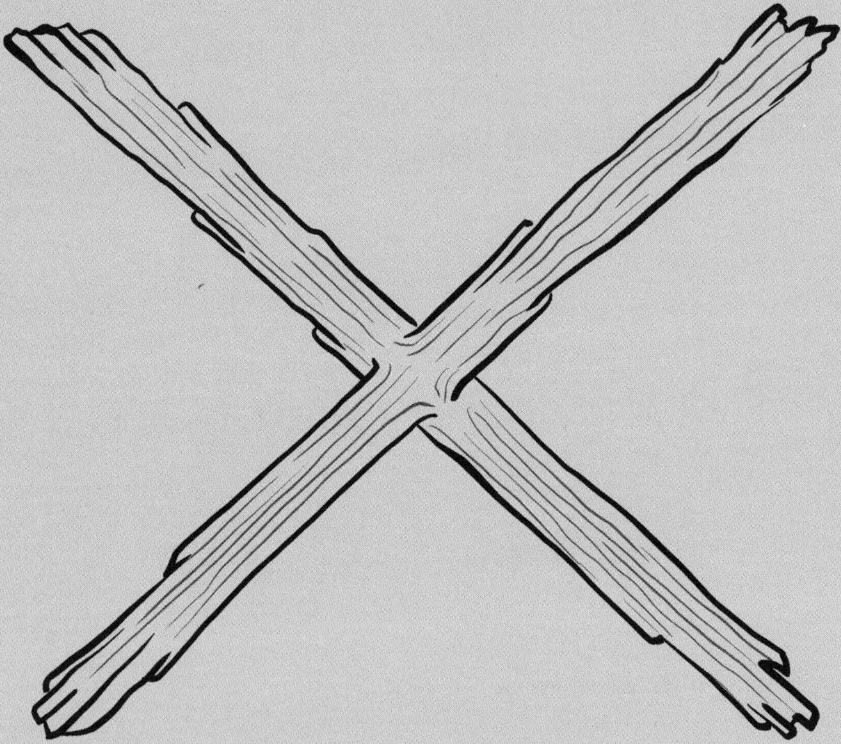

Gebo

SIGNIFICADO Regalo, generosidad, matrimonio, hospitalidad, dar.
ELEMENTOS Fuego, aire, agua, tierra.
GÉNERO Femenino y masculino.

ᚷ

CORRESPONDENCIAS

Gebo se refiere a dar, la generosidad, contratos y asuntos legales. Es la runa asociada con la hospitalidad y la capacidad de dar y recibir regalos de manera equilibrada y honorable. Esta runa te aconseja tener cuidado con lo que das, ya que presagia reciprocidad, tanto positiva como negativa. Por lo tanto, siempre hay que estar preparado para aceptar las consecuencias de las propias acciones. Gebo también simboliza la unión, tanto entre personas como entre lo humano y lo divino. Se considera la runa del matrimonio alquímico, un vínculo entre almas que trasciende el tiempo y el espacio, y conecta lo humano con lo divino.

SIGNIFICADO ADIVINATORIO

Si Gebo aparece en una lectura de adivinación, presagia una reconciliación de opuestos. También puede indicar un próximo matrimonio, una unión amorosa, gratificaciones laborales y sueños cumplidos. Gebo también significa un intercambio de energía y la generación de poder creativo interno que lleva a resultados.

En la sociedad nórdica, cuando alguien recibía un regalo, debía reciprocidad con un presente de igual valor. El intercambio de regalos se consideraba un momento muy serio, y Gebo reúne la necesidad de equilibrio entre dar y tener, así como el significado más profundo de dar regalos. Maternal y acogedora, es la runa de la diosa en su papel como portadora de vida, invocada durante la siembra y la cosecha. Gebo comparte la raíz con *gefa*, «dar», de la cual deriva uno de los nombres de Freyja, reportado en un *kenning* o verso poético, *gefn*, que significa «ella que da todo». De este mismo término también deriva el nombre de la diosa danesa de la labranza y la siembra, Gefjun, que comparte con Freyja el ser tanto un aspecto de Nerthus, la Diosa Madre, como el conducir un carro, la primera uno tirado por ganado y la segunda por gatos, elementos asociados con la diosa como Aquella que Todo Da. Más tarde, con el advenimiento del patriarcado, Gebo se asoció con Odín y Thor, mientras mantenía el significado de «regalo».

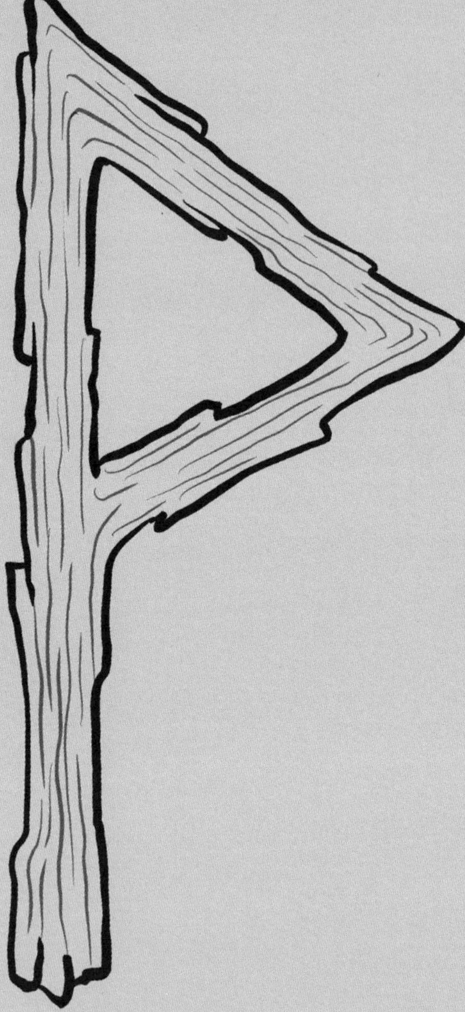

Wunjo

SIGNIFICADO Alegría, placer, éxtasis, esperanza, linaje, deseo.
ELEMENTOS Agua, tierra.
GÉNERO Femenino y masculino.

ᚹ

CORRESPONDENCIAS

Wunjo es la runa que prepara para la regeneración inminente. Fuertemente asociada con el inframundo, se relaciona con el poder transformador de la diosa en sus papeles de Freyja, Hel, Ran, Sol y otras deidades relacionadas con el renacimiento. Ella representa el conocimiento secreto de la vida en la muerte; todo está en constante devenir y nosotros siempre estamos en contacto con los que que nos han precedido. En su significado de deseo y amor, Wunjo se refiere a los poderes de fertilidad de las deidades, a los poderes primordiales de los gigantes, que otorgan fuerza y sabiduría. Puede representar la felicidad derivada de una decisión reflexiva o de una voluntad activa y actuante.

SIGNIFICADO ADIVINATORIO

Wunjo es una runa que anuncia metas logradas, felicidad y alegría, amor incondicional y la necesidad de tomar decisiones de manera consciente y responsable. Cuando aparece en una adivinación, invita a mirar más allá de las apariencias y celebrar los logros alcanzados.

El significado de Wunjo como «alegría» y «linaje» puede estar vinculado a la cosmovisión ctónica nórdica, al reino de Hel, un lugar que, antes del cristianismo, se describía como lleno de alegría y luz, donde las almas persistían en un estado de eterna juventud hasta que se reencarnaban. El reino ctónico era también el lugar donde la diosa del sol iba a regenerarse durante el período invernal, antes de renacer con más vigor que nunca. Hel, por lo tanto, era parte del ciclo de la vida y de la rueda de las estaciones; en consecuencia, Wunjo es la runa de la alegría y la conciencia de que después de la noche, vendrá el día, que un período más tranquilo de reflexión es seguido por una intensa regeneración hacia una nueva vida.

Hagalaz

SIGNIFICADO Granizo.
ELEMENTOS Agua, aire.
GÉNERO Femenino.

ᚺ

CORRESPONDENCIAS

Hagalaz es uno de los aspectos de la diosa como Aquella Que Trae Destrucción. El granizo, el significado más literal de la runa, puede destruir cosechas, ganado y objetos, pero el hielo del que está compuesto, al unirse con el fuego, permite el nacimiento de la vida y los mundos. Hagalaz es, por lo tanto, la destrucción necesaria antes de la reconstrucción; crea un cambio necesario y mantiene el equilibrio dinámico en el proceso de devenir. Al ser la primera runa del segundo *aett,* también representa el comienzo de un nuevo ciclo al final del anterior.

SIGNIFICADO ADIVINATORIO

Hagalaz anuncia un cambio repentino que puede ser destructivo, pero a partir de los escombros de esto, puedes reconstruir. Gobierna las fuerzas del inconsciente y dirige la voluntad hacia la creación de su propia realidad, transformando los eventos negativos en positivos. También puede significar confusión y, a menudo, se utiliza para atacar o defenderse en el plano astral.

Hagalaz tiene su origen en la palabra alemana *hachel*, «mujer sabia», una referencia a la forma de la diosa Urd, quien, entre las tres Nornas, las deidades que tejen el destino de los mundos, representa el pasado. Urd y sus hermanas, Verdandi, el presente, el devenir, y Skuld, el futuro y la deuda, mezclan agua del manantial de Urd con arcilla y lo vierten sobre las raíces de Yggdrasill. El término *Norna* se ha vinculado con *sner*, «girar» (por el acto de tejer), pero el término nórdico *Nornir* se traduce como «Aquella que susurra un secreto», una referencia a Gullveig, la hechicera ya mencionada en *Fehu,* de quien Hagalaz representa un complemento y una oposición. Hagalaz también puede estar asociada con la diosa Hel, la diosa del reino de ultratumba nórdico, o con su contraparte alemana Holda, la Madre de los Muertos, una anciana patrona del hogar, las amas de casa y el parto, así como protectora de los tejedores y guía de la caza salvaje. Hagalaz está asociada con las fuerzas más primigenias del inconsciente, los miedos y pesadillas más íntimos.

Nauthiz

SIGNIFICADO Necesidad.

ELEMENTOS Fuego.

GÉNERO Femenino y masculino.

CORRESPONDENCIAS

Nauthiz es la runa conectada al fuego de la pasión y la sexualidad, simbolizado por la fricción de dos piezas de madera. El roce genera la chispa que calienta a la diosa y la impulsa a devolver la vida a la tierra. La sacralidad de esta llama otorga a Nauthiz el don de la protección en tiempos de necesidad y de superar miedos, bloqueos mentales y períodos de sufrimiento y preocupación, los cuales pueden ser superados mediante la fuerza de voluntad.

SIGNIFICADO ADIVINATORIO

En una adivinación, Nauthiz advierte sobre la presencia de bloqueos mentales y miedos ocultos que dificultan la evolución personal. Cuando está flanqueada por runas como Uruz, Teiwaz, Jera, Raido o Sowilo, indica perseverancia y resistencia. Grabarla o llevarla confiere protección y, al igual que Thurisaz, puede bloquear influencias negativas.

Nauthiz encuentra sus orígenes en lo sagrado, el fuego de la necesidad, el fuego ctónico que brota de la tierra y que, combinado con el hielo de Hagalaz, permite que la vida regrese a la luz. El «fuego de la necesidad» se encendía para pedir a la deidad la regeneración de la vida, proteger a los humanos y al ganado, y prevenir enfermedades causadas por el frío y la humedad. En ocasiones sagradas, era el único fuego que permanecía encendido; los fuegos domésticos se reavivaban entonces con el fuego de la necesidad. Este paralelismo con el «fuego de la necesidad» asocia a Nauthiz con deidades oscuras o lugares fríos, como Niflheimr, la tierra de niebla y oscuridad donde se encuentra la tercera raíz del Yggdrasill, que es roída por la serpiente Nidhoggr hasta la llegada del Ragnarok. El fuego de Nauthiz es, por lo tanto, la purificación de la oscuridad, la luz que levanta el velo sobre el futuro de Skuld, la más joven de las Nornas, el fuego interno que protege y ayuda a superar momentos de crisis y dificultad.

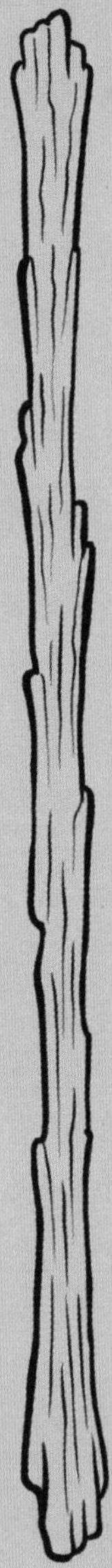

Isa

SIGNIFICADO Hielo.

ELEMENTOS Agua.

GÉNERO Femenino y masculino.

CORRESPONDENCIAS

Isa es la runa del hielo y, como el hielo, es estática y bloquea toda actividad en la superficie. Al igual que el hielo, las situaciones avanzan lentamente. Si se moviera rápidamente, se volvería peligrosa. Por lo tanto, Isa es una runa de desaceleración y se utiliza para bloquear hechizos, ganar tiempo para defenderse de un ataque y encontrar el momento, el camino y la fuerza para contraatacar. Isa bloquea el ritmo del mundo, facilita la meditación y la concentración, y «congela» los sentimientos y recuerdos negativos que uno no está listo para enfrentar. Cuando se usa junto con Laguz, permite ordenar los pensamientos.

SIGNIFICADO ADIVINATORIO

En una adivinación, Isa señala la presencia de bloqueos, frustraciones y obstáculos. La situación en la que uno se encuentra está ralentizada, y no se debe forzar que avance más rápido. En lugar de eso, Isa aconseja detenerse, suspender los planes y reflexionar antes de volver a retomar el camino. La espera traerá satisfacción, pero es necesario esperar a que los bloqueos desaparezcan para permitir que la transformación ocurra.

Aunque Isa se refiere al hielo de la creación, el hielo de esta runa es el que cubre la tierra antes de la manifestación de la vida, y no como el de Hagalaz, que genera vida al fusionarse con el fuego de la creación. Este aspecto la asocia con Skadhi, una de las diosas más antiguas de Escandinavia. Es Skadhi quien sostiene la serpiente que deja caer su veneno sobre el rostro de Loki suspendido; es Skadhi quien, asociada con su gemelo (o en algunas versiones, su esposo) Ullr, extiende una capa de hielo sobre la tierra para protegerla en invierno y hacerla fértil en verano; también es Skadhi quien otorga Isa a la tierra para permitirle descansar y renacer a una nueva vida. De manera similar, Isa está representada por la segunda de las Nornas, Verdandi; vinculada al presente, sirve como puente entre el pasado y el futuro, al igual que Isa es el puente entre la muerte y la vida (el puente del arcoíris del reino de Hel) y entre lo humano y lo divino (Bifrost).

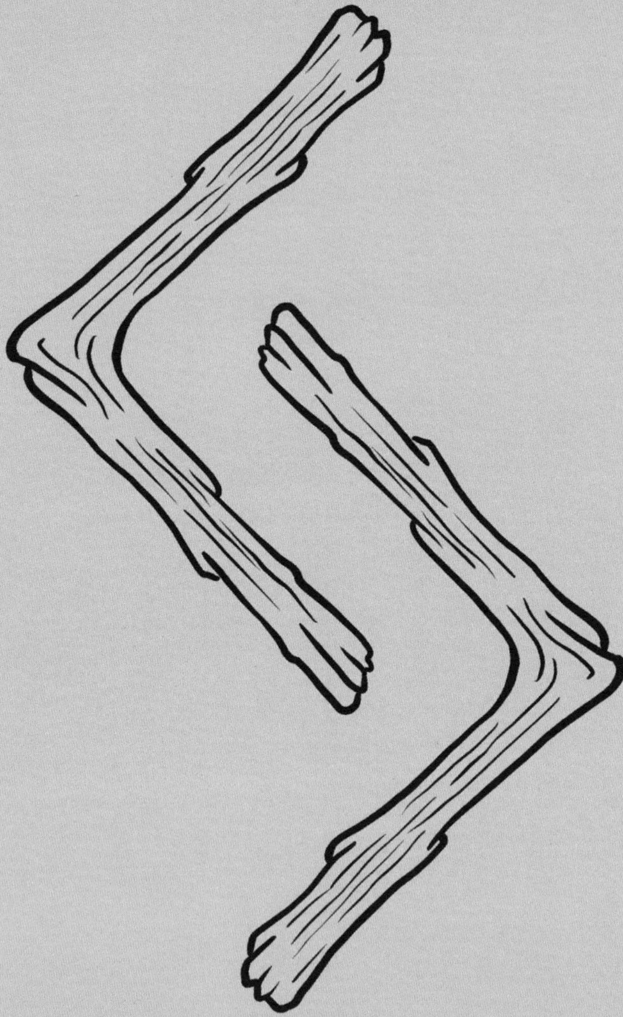

Jera

SIGNIFICADO Año, estación, fertilidad.

ELEMENTOS Tierra.

GÉNERO Femenino y masculino.

CORRESPONDENCIAS

Jera es el equilibrio dinámico, la doble espiral que contiene el misterio de la vida y su renovación eterna en el ciclo de las estaciones. Asociada con Midgard, la Tierra Media donde habitan los humanos, Jera se utiliza para la magia que debe crecer lentamente y prosperar de manera constante, para potenciar la creatividad y en rituales de fertilidad. También permite crear una atmósfera armoniosa y beneficiosa, y cambiar positivamente una situación, produciendo un cambio lento pero duradero.

SIGNIFICADO ADIVINATORIO

En una adivinación, Jera anuncia un cambio positivo o la llegada de un éxito lento pero constante que sólo llega después de sembrar y esperar. También puede representar un cambio gradual, una maduración progresiva, o la necesidad de ser paciente una vez más antes de la llegada de una temporada fructífera y provechosa. Si sigue a Isa, simboliza la llegada del momento en el que será posible cosechar los frutos de las acciones y decisiones pasadas.

Después de Isa, el invierno, en la rueda de las estaciones, llega Jera, la runa de la primavera que anuncia la futura cosecha y el deshielo del hielo invernal. Jera es un signo de renovación, del ciclo del tiempo; de hecho, las dos mitades de la runa representan las dos partes del año marcadas por los equinoccios. En sí misma, contiene el poder de la fecundidad redescubierta, el misterio de los pares divinos de polaridades complementarias, como Freyja y Freyr, los dioses gemelos, hijos de Njordr (deidad masculina del mar), un símbolo de fecundidad y fertilidad. Freyja es la diosa que habita en Folkvangr, el «campo del pueblo» o «campo de batalla», donde recibe a la primera mitad de los caídos en batalla, mientras que la otra mitad es recibida por Odín. Su collar de oro, Brisingamen, dado por los enanos del linaje del fuego, es simbólico de la naturaleza cíclica de la vida. De manera similar, su hermano Freyr gobierna la lluvia y la luz del Sol, el crecimiento de los frutos de la tierra y la riqueza humana. Él otorga abundancia y es llamado Yngvi, progenitor, lo que indica su rol como deidad de la fertilidad.

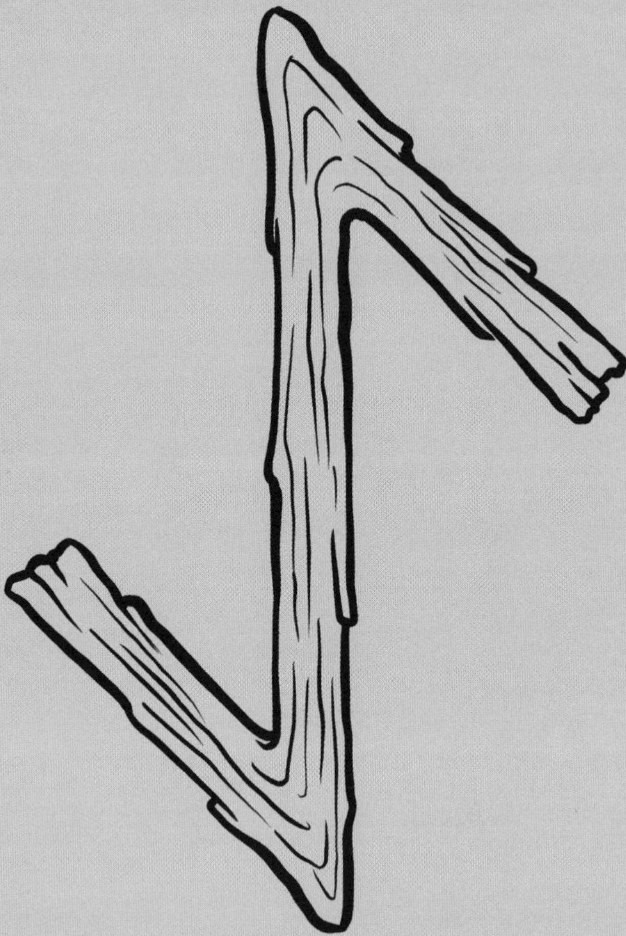

Eihwaz

SIGNIFICADO Tejo.

ELEMENTOS Aire, tierra.

GÉNERO Femenino y masculino.

CORRESPONDENCIAS

Eihwaz, la runa del tejo, también llamada el Árbol Cósmico, es la runa de la vida y la muerte, de la fusión de dos polaridades que se anulan entre sí para formar algo nuevo. Está compuesta por dos runas Laguz que se unen en una imagen especular en dos planos. Indica resistencia y flexibilidad, como la madera del árbol de donde toma su nombre, y se refiere al esfuerzo por lograr algo. Tensión, flexibilidad y acción son características de esta runa que potencia la creatividad, el poder personal y la comunicación con los diversos planos de existencia y niveles de realidad. Puede traer a la memoria experiencias de vidas pasadas y te permite transformarte a ti mismo y a tu vida.

SIGNIFICADO ADIVINATORIO

En una adivinación, Eihwaz indica la necesidad de soltar lo que ya no es necesario. La muerte que simboliza debe entenderse también como una transformación, defensa o las dificultades que se encuentran al comienzo de un nuevo ciclo. También puede señalar una transición de un estado a otro, crecimiento o una mayor comunicación.

Eihwaz es la runa de Ullr, el cazador, quien, al disparar su flecha para traer la muerte, provee alimento que permite a otros seguir viviendo. Su significado de «tejo» o «Árbol Cósmico» también la vincula con Odín en su aspecto de buscador de conocimiento. De hecho, el dios colgó del Árbol Cósmico y obtuvo el conocimiento de las runas y la magia. En su forma gráfica, Eihwaz está compuesta por dos Laguz que se superponen de manera especular, indicando tanto la relación sexual que encuentra la cancelación de las dos polaridades en una sola, como el ciclo de la vida y la muerte, y la transición de un estado a otro. Esto contrasta con otras runas, como Ehwaz, que también está compuesta de dos Laguz, pero éstas se enfrentan entre sí en un diseño reflejado en el mismo plano, lo que indica que el cambio no ocurre entre dos niveles diferentes, sino siempre en uno solo.

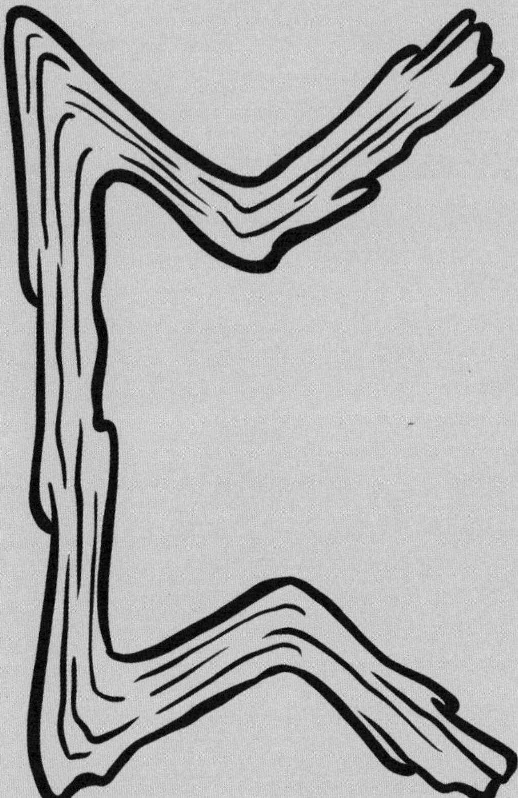

Pertho

SIGNIFICADO Parto, dar a luz, llevar más allá.

ELEMENTOS Tierra.

GÉNERO Femenino.

CORRESPONDENCIAS

Pertho es la runa del misterio del parto, el nacimiento y la revelación del futuro. Está asociada con la adivinación y es un símbolo de conocimiento, sabiduría transmitida de generación en generación, permaneciendo oculta para aquellos que carecen de la habilidad de ver. Trae regeneración, resuelve problemas, promueve el aprendizaje de la magia y estimula la memoria. Ayuda a conocer tu destino y cómo darle forma, a partir del conocimiento de lo que hemos sido y lo que hemos hecho en nuestro presente, pasado y vidas anteriores.

SIGNIFICADO ADIVINATORIO

Pertho en una adivinación indica conocimiento secreto, creatividad, nacimiento y renacimiento. Predice ganancias repentinas e instantáneas, el comienzo de una relación inesperada, la realización de planes y aspiraciones. También puede señalar la llegada de un cambio positivo y períodos de gran abundancia.

Pertho es la fuente de Urd, de la cual las Nornas extraen el agua blanca con la que limpian las raíces de Yggdrasill; es el caldero de la abundancia, la cornucopia, el santo grial. Ella es la diosa Frigg –diosa del parto y tejedora–, quien une en sí misma el secreto de la vida, la muerte y el tiempo, dividido entre las tres Nornas. La forma de Pertho recuerda a un jarrón, una pareja, pero también a una mujer a punto de dar a luz a una nueva vida. Su significado literal tiene orígenes oscuros, pero se puede suponer que proviene del protogermánico *perthro*, el caldero para lanzar dados, que se relaciona con el inglés antiguo *peord*, el juego de dados. *Peord* se asocia con el lanzamiento de los dados del destino para conocer el futuro de una acción, con la propia adivinación, pero también con el nacimiento en sí: el recipiente (vientre) recoge la semilla (dados) y genera una nueva vida (el lanzamiento de los dados).

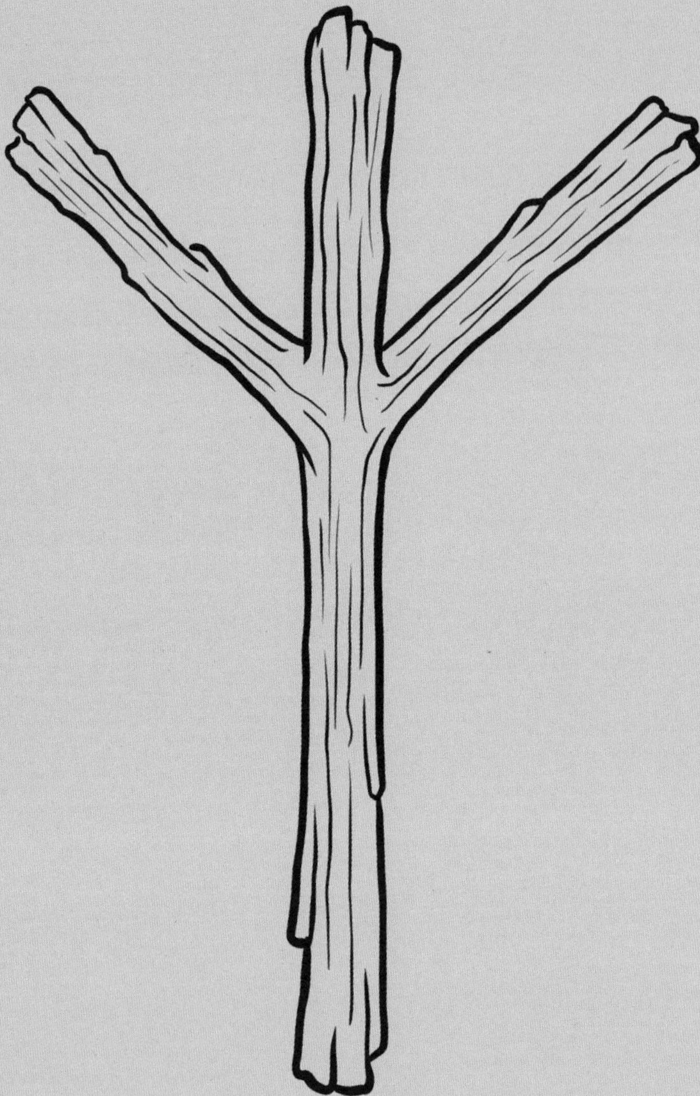

Algiz

SIGNIFICADO Protección, defensa, evolución, familia.

ELEMENTOS Tierra, aire, agua, fuego.

GÉNERO Femenino y masculino.

CORRESPONDENCIAS

La runa protectora Algiz representa el espíritu/materia humana tendiendo hacia la evolución, sin olvidar el pasado. Indica la continuidad entre el parentesco (por sangre o elección), transmitiendo tradiciones familiares. Permite que los mundos y los diferentes planos de existencia se conecten, y aumenta las habilidades regenerativas, además de conferir nutrición energética y protección.

SIGNIFICADO ADIVINATORIO

En una adivinación, Algiz indica protección, la capacidad de defenderse, y la ayuda externa de una persona desconocida. También anuncia una mayor conexión con otras personas, lo divino y los planos de existencia.

Algiz evoca la forma de los cuernos de un ciervo, una herramienta excelente tanto para la defensa como para el ataque. Ésta es una referencia a los cuatro ciervos cósmicos que saltan entre las ramas de Yggdrasill y comen sus hojas. Algiz se ha encontrado grabada como un símbolo de protección en escudos y puntas de lanzas, configurándose como una runa de defensa, de protección del clan, y está asociada con un par de gemelos divinos, como Freyja y Freyr. Algiz también es la runa de la luz, contiene el número tres (las tres caras de la diosa: la doncella, la madre y la anciana, y las tres edades del ser humano). Representa además los tres rayos de luz que golpean Bifrost, el puente del arcoíris hecho de hielo, dándole las coloraciones generadas por el fuego primordial que lo hacen vivo y mágico. Algiz también está asociada con la mano de Tyr, que el dios coloca en la boca del lobo Fenrir como garantía de la ausencia de engaño. Pero es un truco, ya que la cuerda forjada por los enanos es indestructible y ata a Fenrir con un estrangulamiento en las raíces de Yggdrasill. Herido por el engaño, Fenrir corta la mano de Tyr.

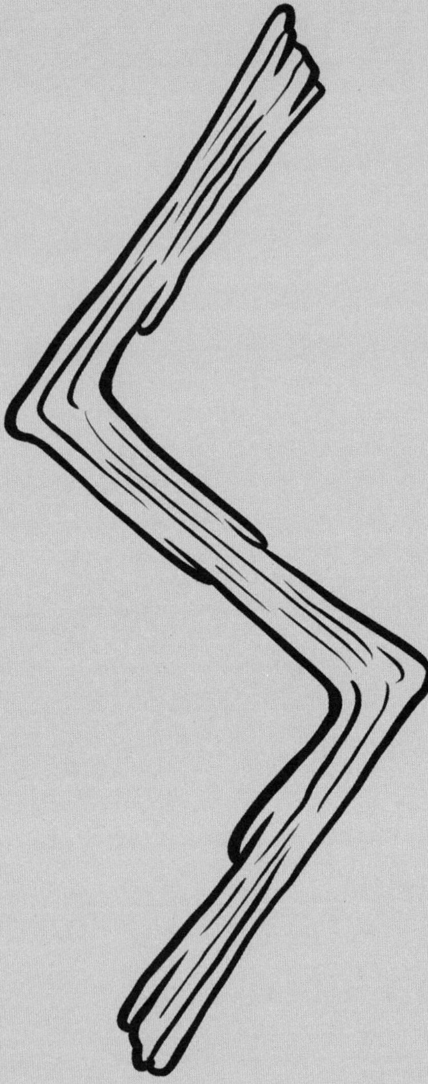

Sowilo

SIGNIFICADO Sol.
ELEMENTOS Fuego.
GÉNERO Femenino.

CORRESPONDENCIAS

Sowilo es la runa de la diosa del Sol, quien trae alimento y vida. Sin embargo, si se expone demasiado tiempo a su propia luz, trae sequía, desecación, quemaduras y muerte. De manera similar, un exceso de luz interior conduce a la locura, el fanatismo y la ceguera espiritual, en lugar de la iluminación e inspiración. Sowilo representa la guía espiritual y material. Ayuda a desarrollar cualidades psíquicas y el deseo mágico. Permite dispersar las sombras y el misterio, y alcanzar el éxito utilizando la fuerza de voluntad como arma victoriosa.

SIGNIFICADO ADIVINATORIO

En una adivinación, Sowilo indica éxito, honor, regeneración después de un período complejo, belleza, vitalidad y vigor. También representa iluminación e inspiración, junto con sanación, sabiduría, generosidad y conocimiento. Permite alcanzar sueños imposibles y aumentar tus habilidades creativas y artísticas.

Sowilo es la runa de la diosa del Sol, Sol, y representa tanto el sol exterior como el sol interior. Es el Sol que brilla y calienta la tierra antes de regresar al otro mundo para su descanso invernal. Representa tanto la energía solar que mueve el carro del Sol (Raido) en un movimiento espiral como la de la última cosecha antes de que los humanos puedan descansar de su trabajo y centrarse en la meditación y las prácticas de la luz interior del alma y el espíritu. Sol es representada como una joven que guía a los caballos que tiran del carro del Sol. Con el Ragnarok, será devorada por el lobo Skoll, pero primero dará a luz a una hija que tomará su lugar. Cuando el Sol se vuelve masculino bajo el cristianismo, Sowilo se asocia con las deidades masculinas Baldur y Hodur, quienes luchan entre sí por el dominio del año solar dividido por los dos solsticios.

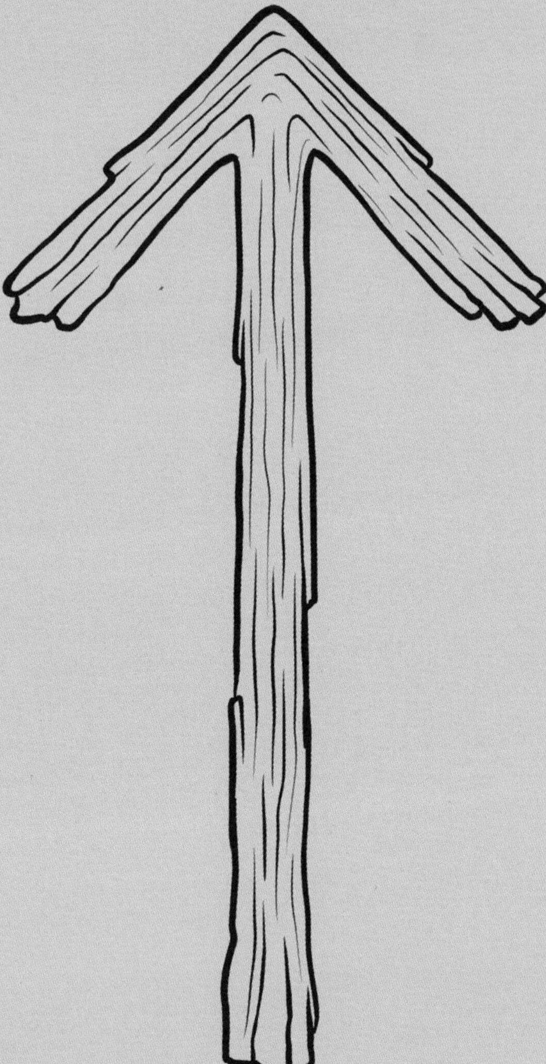

Teiwaz

SIGNIFICADO Resplandeciente.
ELEMENTOS Tierra, aire, agua, fuego.
GÉNERO Femenino y masculino.

↑

CORRESPONDENCIAS

Teiwaz es la runa del equilibrio dinámico, la justicia y el coraje. Nos recuerda la importancia de respetar las leyes cósmicas sin oponerse a ellas y nos impulsa a luchar con lealtad y audacia. Teiwaz se utiliza en casos de dificultad para juzgar una situación, orientándonos hacia un juicio justo y objetivo. Aumenta la autoconfianza y te permite enfrentar desafíos con coraje y honor, asumiendo la responsabilidad de tus acciones.

SIGNIFICADO ADIVINATORIO

Durante una adivinación, la aparición de Teiwaz es una llamada a la acción para hacer lo correcto. Proclama que lograrás la victoria si respetas el código de honor y eres leal a ti mismo y al adversario. También indica éxito en asuntos legales, siempre y cuando no haya engaño por parte del consultante.

Teiwaz fue grabada junto con otras runas de la victoria en la espada, y luego se invocó dos veces al dios Tyr para asegurar la victoria. Tyr es representado en todas las fuentes como el dios de la guerra y la justicia, además de ser quien preside el Thing, la asamblea. Pierde su mano derecha debido al engaño propiciado a Fenrir, que más tarde resultará inútil, ya que al final del mundo el lobo se liberará y destruirá esa generación divina. La moraleja de la historia relacionada con Teiwaz es que el miedo puede llevar a cometer actos deshonrosos que no cambiarán el desenlace de las cosas, y que una victoria obtenida mediante el engaño tiene un precio muy alto. En cualquier demanda por justicia, uno debe estar completamente en lo correcto o estar dispuesto a perder mucho. Teiwaz también tiene un lado femenino y está conectado, como deidad luminosa, con Frigg y su rueda de hilar, de la cual se tejen las vidas de seres humanos y divinos, mientras que la estrella del norte, situada en la cúspide del huso, guía a los exploradores en su camino. Teiwaz está asociada con el ombligo de la diosa como Madre Celestial, desde donde parte el cordón que une a todos los seres vivos en un equilibrio cósmico perfecto.

↑

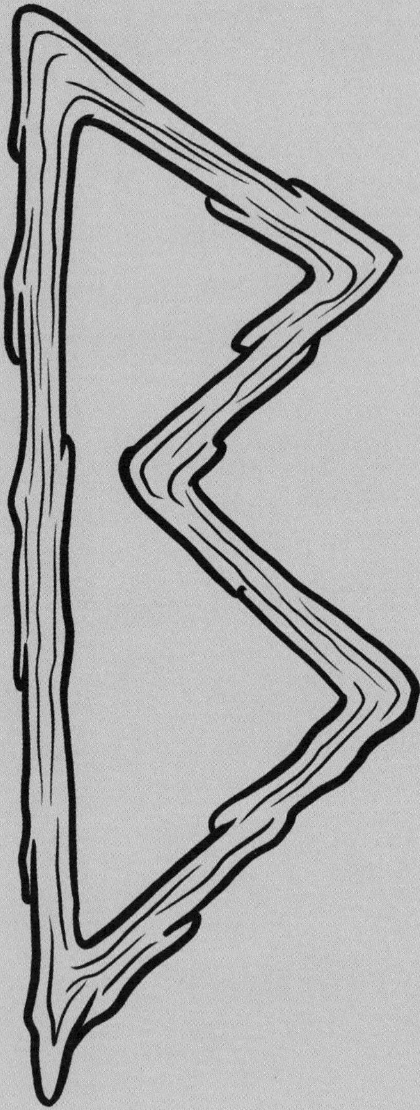

Berkana

SIGNIFICADO Abedul.
ELEMENTOS Tierra, aire, agua, fuego.
GÉNERO Femenino y masculino.

CORRESPONDENCIAS

Berkana encapsula todas las propiedades y usos del abedul, del cual toma su nombre. Es la runa de la concepción y la gestación, que lleva a la creación de una nueva vida o una obra de genio. Confiere protección a quienes la poseen y se utiliza en magia de regeneración y renovación relacionada con el ciclo femenino. Contiene, retiene y mantiene unida la energía, además de estimular la creatividad.

SIGNIFICADO ADIVINATORIO

En las lecturas, Berkana anuncia la llegada de un período fértil, nacimiento o concepción. Está relacionada con lo maternal y todo lo que le concierne. También puede indicar una iniciación en los misterios femeninos, o un tiempo de sanación o mejora de una enfermedad de los órganos sexuales femeninos.

El abedul es uno de los árboles más extendidos en Europa y tiene muchos usos: desde madera resistente y duradera para carpintería hasta combustible, o su corteza para curtir pieles. Su aceite es excelente para resolver enfermedades de la piel, mientras que sus hojas permiten preparar una infusión diurética contra la gota y el reumatismo. De su savia fermentada se producen bebidas alcohólicas y jarabes. Estos usos están relacionados con el efecto de Berkana, cuyo nombre significa «abedul», la dama de los bosques. En las regiones escandinavas, el abedul está asociado con la Diosa Madre, por lo que Berkana adquiere el significado de una runa de renacimiento y abundancia, y simboliza el poder regenerativo de la diosa Sol, quien regresa de su descanso invernal. Una runa circular, expresa y comunica el misterio de la vida y la muerte a través de la concepción. Gráficamente, está compuesta por dos Kenaz invertidos en el eje de Isa, representando así la espera necesaria para el momento de la regeneración o el renacimiento.

Ehwaz

SIGNIFICADO Caballo.

ELEMENTOS Tierra, aire, agua, fuego.

GÉNERO Femenino y masculino.

ᛖ

CORRESPONDENCIAS

Ehwaz es la runa del caballo, de la dualidad y la duplicidad. Se utiliza para crear y romper lazos de afecto, negocios, colaboración artística y amistad. Trae equilibrio, fertilidad, protección, lealtad y fidelidad. Está conectada con uniones armoniosas en todos los planos.

SIGNIFICADO ADIVINATORIO

Ehwaz puede indicar un matrimonio basado en una relación equilibrada entre dos cónyuges o una unión inminente. En una adivinación, predice un intercambio que es armonioso y leal, ya sea afectivo, creativo o relacionado con el trabajo, o el éxito en los negocios y el comienzo de un nuevo curso positivo.

Ehwaz está compuesta por dos Laguz enfrentadas entre sí, lo que representa una confrontación entre dos entidades y el punto de contacto entre ideas. Su significado, «caballo», evoca los dos caballos que tiran del carro de la diosa Sol, Arvakr y Alsvidhr, pero también está relacionado con el culto a la fertilidad de los dioses gemelos, como Freyja y Freyr. Dado que el caballo era un símbolo de nobleza y estaba asociado con la clase guerrera, Ehwaz también acaba simbolizando la nobleza de espíritu y el deseo de victoria. La conexión con el animal también se encuentra en el *Gylfaginning:* Odín presta su caballo de ocho patas, Sleipnir, hijo de Svadilfari y Loki, a su hijo Hermod para preguntar sobre la muerte de Baldur. Este viaje al otro mundo vincula al caballo y a Ehwaz tanto con el mundo celestial como con el inframundo. De hecho, el caballo permite viajar entre mundos y trae abundancia, vida y fertilidad, pero también puede ser una herramienta destructiva. Por ejemplo, en el caso de la diosa Mare, una de las deidades asociadas con la cacería salvaje, ella era portadora de la muerte. En su cabalgata nocturna, secuestraba y mataba a los viajeros.

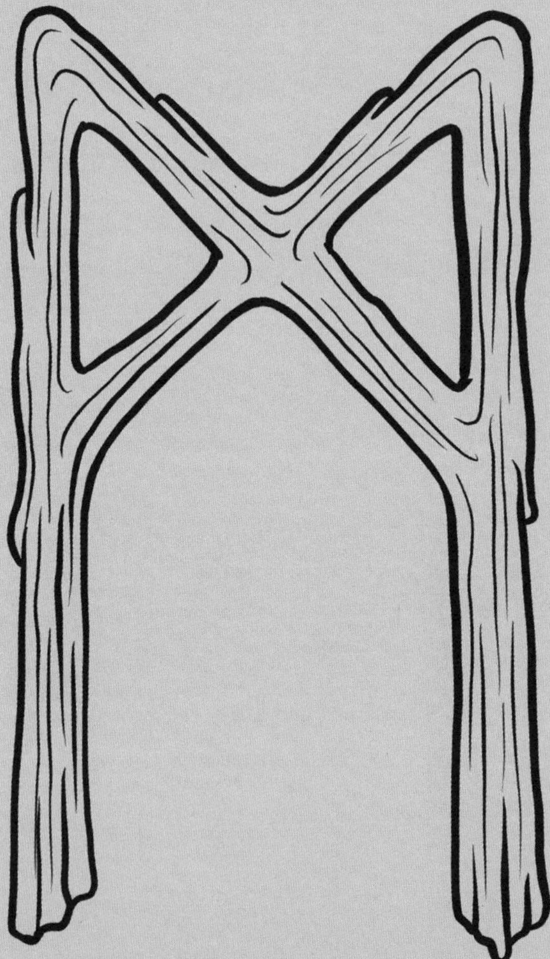

Mannaz

SIGNIFICADO Ser humano.
ELEMENTOS Tierra, aire, agua, fuego.
GÉNERO Femenino y masculino.

ᛗ

CORRESPONDENCIAS

Mannaz es la runa de la unión, el misterio femenino y el poder de la sangre menstrual. Confiere sabiduría y la capacidad de entender el secreto de la unidad entre mente y cuerpo. Permite recuperar memorias ancestrales, lograr armonía interior, despertar la intuición, estimular el intelecto y aumentar la capacidad de memoria y aprendizaje. Mannaz equilibra los polos positivo y negativo, activa las habilidades mediúmnicas y empáticas, y facilita la cooperación con los demás.

SIGNIFICADO ADIVINATORIO

Cuando Mannaz aparece en una adivinación, indica una unión entre dos personas, armonía y fuerza de voluntad activada para el bien del grupo. También puede señalar habilidades deductivas y perceptivas fuera de lo común, o la llegada de un contrato, asuntos legales y negocios donde se necesita cooperación.

Gráficamente representada con un par de Wunjos reflejadas, Mannaz simboliza la unión extática de dos polaridades y recoge, de la runa de origen, el principio de la reencarnación del alma de un ancestro y el paso de una generación a la siguiente. La naturaleza dual de Mannaz también está relacionada con su significado: la raíz *man* se usaba en inglés antiguo para referirse a los seres humanos en general, comenzando con la primera pareja nacida de los árboles primordiales: Askr (hombre) y Embla (mujer), de los cuales desciende toda la raza humana. En la leyenda registrada en la *Völuspá*, tres Aesir –Odín, Hoenir y Lodhur–, tras dejar la asamblea divina, llegaron a la tierra, donde encontraron los árboles moribundos de Askr y Embla. Los Aesir les dieron espíritu, sentidos y sangre, creando a los primeros seres humanos. Mannaz también es la runa de la diosa Hel, conectada con la muerte y el renacimiento. Es la runa de la humanidad, generada por el acto sexual, que afirma la unidad e indivisibilidad del espíritu y la carne.

Laguz

SIGNIFICADO Lago, agua, cuerpo de agua, magia natural.
ELEMENTOS Agua.
GÉNERO Femenino.

CORRESPONDENCIAS

Laguz es la runa de la fluidez, la energía vital y las corrientes oceánicas. Permite gestionar y comprender los sentimientos, emociones y deseos, dejándolos fluir en armonía universal. Ayuda a escuchar la voz interior y a desarrollar la adaptabilidad, despertar percepciones y potenciar los poderes mágicos. También puede ayudar a abrir las puertas del inconsciente y resolver preguntas y dudas.

SIGNIFICADO ADIVINATORIO

Laguz aparece en una adivinación para indicar el surgimiento del amor, los sentimientos y los afectos. Puede señalar un período de renovación y regeneración o un crecimiento de la creatividad y la imaginación. Junto con Pertho, Inguz o Berkana, puede indicar la concepción de una nueva vida.

Laguz es la runa de las aguas de la vida, tanto en su aspecto positivo de renacimiento como en su aspecto destructivo de muerte. A nivel de leyendas, Laguz representa el agua como la fuente de vida en Midgard, que además de dar vida posee dones mágicos encapsulados en las fuentes encantadas de las deidades ancestrales, como la fuente del conocimiento, sabiduría y juventud, bajo el dominio de Mimir y Urd. Laguz también está vinculada al hielo primordial, que generó al primer ser vivo cuando se derritió, el gigante Ymir. Asimismo, está asociada con los Elivagar, los ríos cósmicos que se ramifican desde la fuente de Hvergelmir. Estas aguas se formaron por las gotas que descienden de los cuernos del ciervo Eikthyrnir, que se alimenta de las hojas de Yggdrasil y transmite sus propiedades al agua. Laguz está asociada con la diosa Nerthus, la diosa de la tierra que lleva el carro del sol y que, durante un tiempo, desaparece en el mar, y con la diosa Ran, la deidad marina a quien se consagran las almas de los que mueren en las olas.

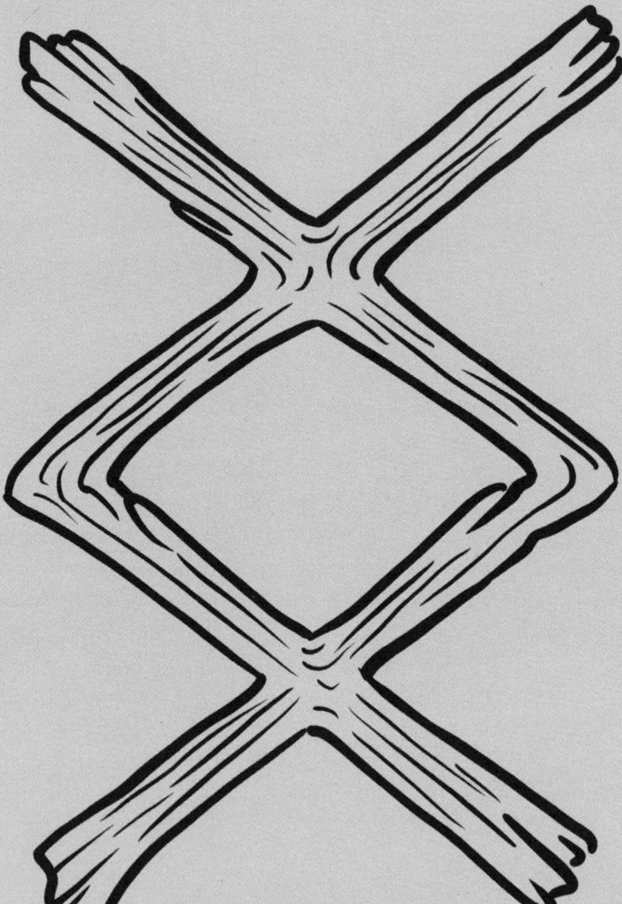

Inguz

SIGNIFICADO Hijo de la madre, madre del fiordo.

ELEMENTOS Agua, tierra.

GÉNERO Femenino.

CORRESPONDENCIAS

Inguz abre las puertas al viaje astral y ayuda a comprender y acceder a otras realidades. Permite conocer el propio poder y estimular la memoria y la autoconfianza. A menudo se usa para liberar instantáneamente la energía necesaria para un ritual. Se utiliza para unir otras runas que, escritas dentro de ella, definen el hechizo. Inguz provoca que la magia se libere en el momento adecuado.

SIGNIFICADO ADIVINATORIO

Cuando se manifiesta en una adivinación, Inguz puede indicar la búsqueda necesaria de la armonía o un deseo de alcanzarla. También puede simbolizar un tiempo de cooperación o una fuerte excitación sexual. Anuncia la posibilidad de emprender un nuevo camino, libre de las incertidumbres y tensiones del anterior.

El término Inguz, o Ingwaz, indica el nombre original de Yngvi, madre de Freyr y Freyja. Madre Primigenia, Inguz es la runa de la Diosa Madre, progenitora de la tribu. Su forma gráfica, compuesta por dos Kanaz unidas con ángulos hacia afuera, recuerda al órgano femenino y evoca la fertilidad contenida en él: el niño, renacido a la luz y al aire, mientras su vida oscura intrauterina muere. El paso de un estado de vida a otro también deja vislumbrar una puerta dimensional en Inguz, que permite pasar de un estado a otro, de una vida a otra, de un cuerpo a otro.

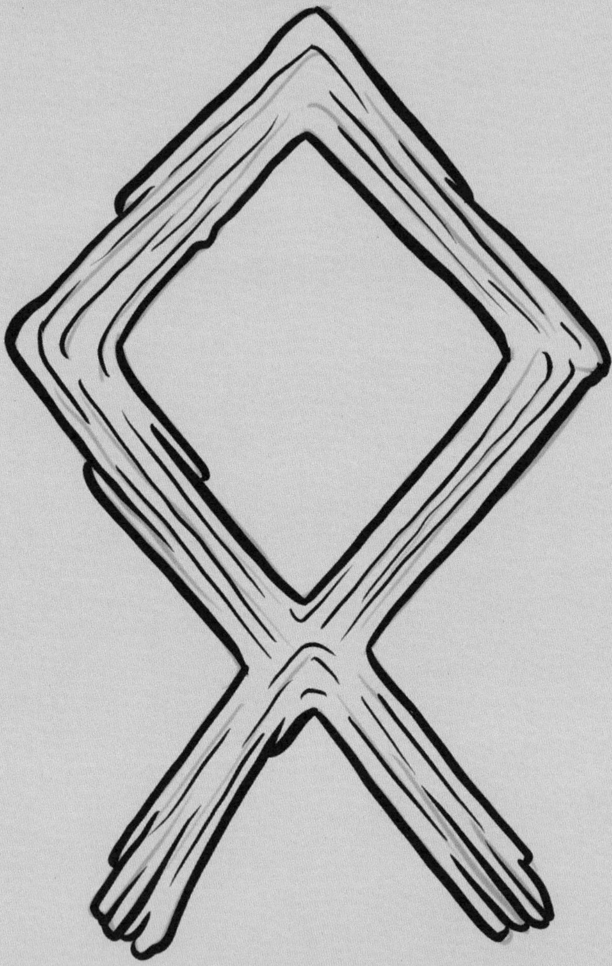

Othilaz

SIGNIFICADO Propiedad.

ELEMENTOS Tierra, aire, agua, fuego.

GÉNERO Femenino.

CORRESPONDENCIAS

Othilaz se utiliza en magia relacionada con el hogar, la nación o la patria. Estrechamente conectada al espacio donde uno vive, considerado «espacio sagrado», se usa para estabilizar, centrar y anclar a la tierra, o en trabajos grupales para aumentar el sentido de pertenencia y familiaridad. Fomenta el vínculo entre personas para fortalecer la pertenencia al grupo, mantener el orden y garantizar la defensa legítima en caso de acusaciones injustas.

SIGNIFICADO ADIVINATORIO

En una adivinación, Othilaz anuncia una mejora a nivel familiar y material. Puede indicar la llegada de una herencia o el fortalecimiento de un vínculo, oportunidades de ingresos, intensificación de la vida social o posibilidades inmobiliarias.

Othilaz es la runa del espacio del clan, tribu o estado. Marca los límites del hogar, aldea, nación o territorio donde se aplica la ley del grupo al que pertenece. Simboliza la relación de las personas con la tierra ancestral, transmitida de generación en generación, así como la autoridad legal. Está asociada con Syn, la protectora de los límites y guardiana de los umbrales. Es una deidad invocada por los defensores en un juicio, y protege a las personas que forman parte de la tribu, garantizando su lealtad. Syn aparece en la *Edda Poética* en el *Gylfaginning*, donde se la describe como aquella que bloquea el paso a quien no es digno de entrar. La diosa, entonces, es la garante del espacio sagrado representado por Othilaz, que conecta a los antepasados y a los miembros vivos de la familia, pero también a la propiedad familiar y la herencia. Es la runa guardiana de la memoria familiar, de la comunidad narrativa de la que uno es parte y del vínculo establecido con los *Landvaettir*, los espíritus de la tierra.

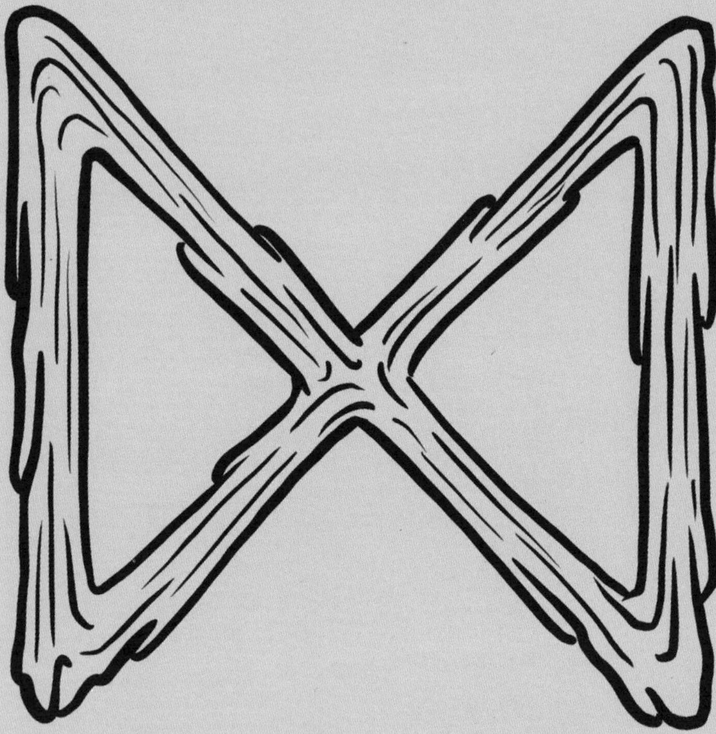

Dagaz

SIGNIFICADO El día después de la noche, o el día que precede a la noche.

ELEMENTOS Tierra, aire, agua, fuego.

GÉNERO Femenino y masculino.

CORRESPONDENCIAS

Dagaz es la runa de la transformación, de nuevos comienzos. Se usa para marcar el momento de transformación de un proyecto, el momento exacto en que está a punto de manifestarse. Fomenta la iluminación y la inspiración mágica, y permite el equilibrio entre la luz y la sombra, o para colocar algo o a alguien en ese espacio para que no sea notado.

SIGNIFICADO ADIVINATORIO

Si Dagaz aparece en una adivinación, se acerca un tiempo propicio lleno de bienestar espiritual. Puede indicar un momento de iniciación, transformación o el anuncio de una situación equilibrada.

Dagaz es la runa asociada con la llegada del día tras la noche, con la luz superando a la oscuridad. Como runa colocada al final del *Elder Futhark*, marca el final de un ciclo antiguo y el comienzo de uno nuevo. Representa un momento de transición en el estatus, un despertar hacia una nueva dimensión, una nueva vida o una nueva conciencia. Si Mannaz es la runa del ser humano naciendo y desarrollándose, Dagaz es la runa del conocimiento y la sabiduría adquirida a lo largo del camino. Es la runa de Dagr, hijo del día y el día mismo, y de la diosa Nott, hija de la noche. En el *Sigrdrífumál*, cuando Sigrdrifa despierta de un sueño inducido por Odín, se produce una transición de la oscuridad del sueño a la luz del despertar, del renacimiento a una nueva vida, de lo mortal a lo inmortal.

GIULIA MANZI

Consultora filosófica y autora, trabaja en el autoconocimiento a través de la ficción y los lenguajes del imaginario. Vive en Roma, la ciudad más mágica del mundo para ella, entre volúmenes polvorientos, un gato gordo y hierbas secas. En su tiempo libre, escribe, experimenta con runas y tarot, estudia y participa en juegos de rol. Para Vivida, ha editado la baraja de tarot *Find Your Magic* y el oráculo *Messages from Banksy: 40 Inspirations from the Street.*

LORENA ASSISI

Lorena es una ilustradora italiana que vive en Toronto. Después de graduarse en la Escuela Internacional de Arte de Roma en 2007, comenzó a trabajar para editoriales, clientes privados y discográficas. Su estilo artístico, rico en simbolismo, está inspirado en culturas antiguas y se centra en la representación de la figura femenina arquetípica y la conexión entre la naturaleza y los seres humanos. Utiliza técnicas tradicionales y digitales para crear obras que invitan a la reflexión, combinando elementos del pasado y del presente de manera armoniosa.

Si este libro le ha interesado y desea que le mantengamos informado de nuestras publicaciones, escríbanos indicándonos qué temas son de su interés (Astrología, Autoayuda, Ciencias Ocultas, Artes Marciales, Naturismo, Espiritualidad, Tradición...) y gustosamente le complaceremos. Puede consultar nuestro catálogo en www.edicionesobelisco.com

Colección Cartomancia y Tarot
MAGIA RÚNICA
Giulia Manzi - Lorena Assissi

Título original: *Rune Magic*
1.ª edición: junio de 2025

Edición: *Giulia Manzi*
Ilustraciones: *Lorena Assissi*
Traducción: *Juli Peradejordi*
Maquetación: *Juan Bejarano*
Corrección: *Sara Moreno*

Vivida
Vivida® marca registrada propiedad de White Star s.r.l.
www.vividabooks.com

Piazzale Luigi Cadorna, 6 - 20123 Milano, Italy
www.whitestar.it

Edita: Ediciones Obelisco, S. L.
Collita, 23-25. Pol. Ind. Molí de la Bastida
08191 Rubí - Barcelona - España
Tel. 93 309 85 25
E-mail: info@edicionesobelisco.com

ISBN: 978-84-1172-252-0
DL B 21871-2024

Printed in China